PARIS
TYPOGRAPHIE DE E. PLON, NOURRIT ET Cie
Rue Garancière, 8

LE P. DIDON

Influence morale des Sports athlétiques

DISCOURS

PRONONCÉ

AU CONGRÈS OLYMPIQUE DU HAVRE

LE 29 JUILLET 1897

PARIS
J. MERSCH, IMPRIMEUR
4bis, AVENUE DE CHATILLON, 4bis

1897

LE P. DIDON

Influence morale des Sports athlétiques

DISCOURS

PRONONCÉ

AU CONGRÈS OLYMPIQUE DU HAVRE

LE 29 JUILLET 1897

PARIS
J. MERSCH, IMPRIMEUR
4bis, AVENUE DE CHATILLON, 4bis

1897

Ce discours, recueilli par la sténographie, a été prononcé dans la réunion plénière du Congrès olympique international, dans l'hôtel de ville du Havre.

Siègent au bureau, à côté de M. de Coubertin, président, M. le docteur Tissié, représentant M. le Ministre de l'Instruction publique, et M. Cathala, sous-préfet du Havre, etc., etc.

M. le Président. — Mesdames, Messieurs, le sujet qui doit être traité dans cette séance est celui-ci :

De l'action morale des exercices physiques sur l'enfant, sur l'adolescent et de l'influence de l'effort sur la formation du caractère et le développement de la personnalité.

C'est le R. P. Didon qui veut bien traiter ce sujet. Je lui donne la parole. (*Vifs applaudissements. — Mouvement d'attention.*)

MESDAMES,
MESSIEURS,

C'est un grand honneur pour moi d'avoir été convié à ce Congrès olympique international et de prendre la parole dans une assemblée aussi distinguée, en présence des autorités de ce pays, du représentant officiel de M. le Ministre de l'Instruction publique, des hommes éminents qui s'occupent de l'éducation physique de la jeunesse, et des savants étrangers venus de divers pays, je puis dire de tous les pays, pour apporter à la cause des sports athlétiques le témoignage de leur expérience, de leur science parfaite et la consécration de leur autorité.

Il ne m'appartient pas de vous remercier, Messieurs, c'est là œuvre présidentielle, — et je ne suis ici qu'un humble membre de cette réunion. Mais il m'appartient de me réjouir de me trouver pour la première fois, je le crois, à côté de l'autorité officielle du pays et à côté des représentants français et étrangers de la science de l'éducation physique dont les progrès sont inhérents à la civilisation même; car la plus haute tâche de la civilisation ne consiste-t-elle pas à former l'homme tout entier, intellectuel et physique et moral? (*Applaudissements.*)

Je dois dire que c'est l'amitié de M. de Coubertin qui est l'explication de ma présence ici. Il a pensé qu'ayant été, depuis plusieurs années, administrateur délégué de la Société anonyme Albert-le-Grand et, en cette qualité, appelé à gouverner plusieurs écoles, à leur inspirer le mouvement, je pourrais donner, moi aussi, par mon témoignage, un concours utile à l'œuvre à laquelle il s'est appliqué si vaillamment, si intelligemment, et avec une persévérance digne de tout éloge. Et vous ne me démentirez pas, Mesdames et Messieurs, quand je dirai qu'il faut reconnaître en M. de Coubertin le rénovateur, le promoteur vigoureux, infatigable, des exercices de plein air et des sports athlétiques, en France. (*Vifs applaudissements.*)

En répondant à votre appel, mon cher Président et ami, j'ai cru accomplir un devoir de haute reconnaissance. N'est-ce pas vous qui, il y a sept ans, êtes venu me trouver dans mon petit cabinet de l'École Lacordaire, et qui m'avez glissé, par votre parole insinuante et persuasive, la pensée d'introduire dans mes écoles des exercices de sport ?

C'est ce que j'ai fait, et j'ai obtenu des succès qui ne rivalisent certainement pas avec les merveilles de la Ligue de Bordeaux dont nous entretenait hier M. le docteur Tissié, mais qui attestent du moins l'excellence de l'œuvre des sports athlétiques, chère à M. de Coubertin.

J'acquitte donc ma dette de reconnaissance, en rendant témoignage à cette œuvre et venant parler ici de la puissance éducatrice et de l'action morale des exercices physiques de plein air sur la jeunesse, sur la formation du caractère et le développement de la personnalité.

Ce sujet intéresse tout le monde ; il intéresse les mères, il intéresse les pères, il intéresse les fils, il intéresse les pouvoirs publics, il intéresse le Ministre de l'Instruction publique dont nous avons ici l'honorable représentant, il intéresse enfin tous ceux qui ont souci de l'avenir de ce pays, et j'estime, Mesdames et Messieurs, que j'aurais rendu quelque service, s'il m'était donné de prouver avec une évidence irrésistible pour les plus réfractaires, que cette puissance éducatrice, que cette force morale contenue dans les exercices physiques de plein air est une puissance certaine et douée d'une pénétrante action sur la jeunesse. J'espère y arriver, car je vois que vous êtes très ouverts à la vérité, et par conséquent très disposés à m'aider dans cette démonstration qui est tout à fait digne de l'attention la plus sérieuse. (*Applaudissements.*)

Les résultats obtenus par la pratique constante et habituelle des exercices de plein air et des sports athlétiques sont nombreux : je vous signalerai les principaux.

Le premier, c'est le développement, la multiplication de l'activité physique. Mais, direz-vous, ce n'est pas là une vertu morale! Comment, Messieurs, l'activité physique n'est pas une vertu morale? Convenez du moins qu'elle est la condition de grandes vertus morales? N'a-t-on pas dit spirituellement et en toute vérité que la propreté et l'hygiène étaient des vertus? Pourquoi, alors, n'en pourrait-on pas dire autant de l'activité physique? Quand vous verrez des enfants inertes, paresseux physiquement, soyez certains qu'ils le sont moralement, et quand vous voyez des enfants actifs jusqu'à la turbulence, soyez sûrs qu'il y a en eux des vertus en germe. Eh bien! cette mise en activité des vertus physiques par les exercices de plein air, voilà le premier résultat obtenu par les sports athlétiques.

Le second, c'est l'esprit de combativité et de lutte.

De même que dans la plupart des enfants, Mesdames, vous observez une paresse native qu'il faut vaincre à tout prix, parce que cette paresse native se répand dans toutes les facultés et les endort, de même vous surprenez en eux une lâcheté originelle. L'enfant commence par avoir peur : l'humanité est d'abord craintive et timide. Il faut qu'elle fasse preuve de vaillance, et pour cela il est nécessaire de développer l'esprit de combativité. (*Vifs applaudissements.*)

Ne vous effrayez pas de cet esprit. Peut-être, direz-vous, nous ne pourrons plus tenir nos enfants, ils seront toujours ivres de luttes, toujours rêvant plaies et bosses. N'oubliez donc jamais que les combatifs sont les forts, que les forts sont les bons, mais que les paresseux sont les rusés et les faibles, et que les faibles sont dangereux, parce qu'ils sont traîtres. (*Applaudissements.*)

Développons donc l'esprit de combativité, c'est-à-dire l'amour de la lutte : tel est le but. Il y a un obstacle, renversons-le ! Mais si nous le tournions, ne pouvant le renverser ? Soit ! Mais si, en le tournant, nous sommes poursuivis, ne craignons pas d'attaquer. Voilà l'esprit combatif, voilà une des plus belles vertus physico-morales de l'homme, car si l'homme contient en germe une lâcheté native, il possède également en germe une bravoure native. Et il s'agit de savoir qui l'emportera, de la lâcheté ou de la bravoure. Les sports font prédominer l'esprit de combativité, c'est-à-dire l'esprit de vaillance et de bravoure originelles qui dorment chez l'enfant. Les sports font de l'enfant un adolescent vaillant, qui ne sait pas se détourner devant l'obstacle et qui n'a de tranquillité qu'après l'avoir brisé, dompté, vaincu.

Le troisième résultat consiste à donner la force ou l'endurance.

L'être fort, c'est celui qui sait endurer, ce n'est pas toujours celui qui attaque, — l'être fort se révèle bien plus par l'endurance et la patience, — c'est celui qui ne recule jamais. Voilà l'adolescent qu'il faut fabriquer, et, certes, il n'est pas difficile d'en fabriquer de semblables dans le pays des Gaulois. Ce ne sont pas les Gaulois qui sont des paresseux, ils sont trop gais, trop expansifs. Ce sont toujours ceux qui ne craignaient rien qu'une chose : « que le ciel ne tombât sur leurs têtes. » Ils poussaient la force jusqu'à la présomption. Eh bien, je le déclare hautement, je préfère les présomptueux aux timides. (*Applaudissements.*)

Je vais dire quelque chose qui va plaire aux mères françaises, que je crois bien connaître. Elles ont toujours peur, les mères françaises, elles ont le génie de la préservation. Permettez-moi donc de vous donner, Mesdames, un moyen de préserver vos fils, c'est-à-dire d'en faire des tempérants qui n'aiment ni le vin ni l'alcool, qui ne commencent pas à fumer à douze ans, qui savent mettre le plaisir à sa place.

J'ai observé et j'observe tous les jours que, dans le milieu où il nous a été donné à M. de Coubertin et moi d'organiser ces associations athlétiques, ces jeunes gens ne fument presque pas, ne vont pas sur les champs de courses pour parier; qu'ils sont très modérés et qu'en fait de plaisirs, ils pourraient arriver à donner des leçons, non seulement à Épicure qui était un raffiné de modération, mais à l'autre, le chef des stoïques, qui était un austère, et j'ai observé aussi qu'ils savaient se priver, se condamner même à une dure hygiène dans un but supérieur.

Pour compléter ces résultats d'ordre moral et psychique, je vous en signalerai un autre d'ordre civique.

Les sports, en groupant la jeunesse pour un but qui répond à sa nature, à son besoin de mouvement, font les natures unies et préparent le bon groupement de l'école. S'il m'est permis de parler de l'École Albert-le-Grand, j'avais remarqué qu'il s'y formait des petites coteries provoquées par des sympathies naturelles, par des rapports de famille, par diverses convenances qu'il est difficile d'analyser, et je voyais les élèves se grouper six par six, quatre par quatre, deux par deux. Oh! je n'aime pas cela, parce que l'esprit de coterie est une cause de division et de faiblesse, et comme je n'ai pas l'habitude de couper le mal autrement que dans la racine j'ai laissé les choses aller, mais je me suis dit : Voici une plaie que j'extirperai; or, Messieurs, je l'ai extirpée sans rien dire, en organisant les sports, en mêlant tous les groupes.

J'ai vu que cette grande jeunesse est arrivée à faire de la fraternité. Elle s'est rapprochée dans la lutte autour du drapeau blanc et noir, celui d'Albert-le-Grand, le nôtre, avec ses quatre lettres A-A-A-G, de sorte que tous ces combattants ne connaissaient plus que le capitaine qui tenait le drapeau, les officiers qui le secondaient et les braves soldats qui enfonçaient l'ennemi. (*Applaudissements.*)

Si j'osais, je pourrais m'adresser à M. le sous-préfet et lui dire : Vous qui menez des hommes, qui avez à les gouverner, vous savez quelle puissance on a quand on peut faire l'unité dans un milieu, quand on peut couper les sectes et ramasser les combattants autour d'une idée forte. Là est le génie politique et, tandis que le génie de l'impolitique — passez-moi le mot barbare — est de diviser, celui de la politique est de réunir. (*Applaudissements prolongés.*)

J'ai énuméré quelques-uns des résultats obtenus expérimentalement par les associations sportives et athlétiques, par les exercices en plein air. En présence de ces résultats physiques, psychiques, moraux et civiques, les pères et les mères, les éducateurs comprennent-ils maintenant qu'ils ont le devoir de pousser leurs fils et leurs disciples dans cette voie?

Mais ici, une question pratique se pose d'elle-même : comment ces associations sportives doivent-elles être organisées pour donner tous leurs fruits ?

Je vais y répondre.

J'ai eu l'honneur hier de prendre part à la discussion intime de la Commission pédagogique relative à cette question. J'avoue que j'y ai appris beaucoup de choses des professeurs de gymnastique scientifique, de M. le docteur Tissié surtout, qui est un maître, non seulement dans la science médicale, mais dans la science pédagogique, et qui à sa science spéculative ajoute une expérience consommée.

Pour mon compte — et j'ai été très heureux de rencontrer la collaboration de M. le sous-préfet du Havre, M. Cathala — j'ai exprimé mes idées libérales relatives à l'organisation des sports dans les lycées, collèges et établissements libres. Quelles sont ces idées? Je vous en dois l'exposé public et très détaillé.

Je réponds que le caractère de l'organisation de ces associations (je mets de côté les leçons de gymnase qui font partie du programme de l'enseignement classique) dans toutes les maisons où l'on élève la jeunesse française doit être la liberté : liberté dans la fondation même des associations, parce qu'il faut que les jeunes gens organisent leurs petites sociétés eux-mêmes. Ils doivent nommer leurs présidents, leurs secrétaires, leurs trésoriers, constituer leurs bureaux. Étant ainsi constitués par eux, ils les acceptent comme une autorité librement reconnue.

Et vous apercevez tout de suite que cette liberté dans l'organisation des sociétés présente un phénomène très nouveau dans nos établissements scolaires français. J'ai été frappé de ce fait que partout il y avait une centralisation absolue dans les lycées, dans les collèges, dans les écoles libres, congréganistes, j'ai observé ce fait particulier que les élèves étaient toujours groupés au gré de l'autorité qui les domine. La centralisation est partout et c'est ce que je ne puis accepter. Aussi me suis-je promis que, quand j'aurais un ensemble à manier, je ferais un trou, par lequel je ferais entrer la liberté dans les associations et dans les établissements d'éducation. Or, Messieurs, la liberté, intronisée là et pratiquée là, finira, soyez-en sûrs, par s'établir dans le pays en maîtresse souveraine.

Ce que je m'étais promis de faire je l'ai fait. Et les associations se sont constituées, et j'admirais l'importance que se donnaient ces présidents, ces secrétaires, tous ces membres du bureau, à cause de la dignité dont ils se voyaient tout d'un coup revêtus. J'ai même remarqué que les dignitaires scolaires, institués par l'autorité, avaient moins d'influence que ceux choisis par les camarades. Pourquoi? Parce que ces derniers sont revêtus seuls de l'autorité que l'opinion peut donner, car, dans les écoles comme dans le pays, dans la nation comme dans les petits groupes, il y a une autorité souveraine, — l'opinion. Le chef qui ne la représente pas ne peut rien, celui qui la représente peut tout, surtout quand il poursuit un but élevé. (*Applaudissements prolongés.*)

De même que ces associations scolaires naissent librement, de même elles doivent s'administrer librement, même en ce qui regarde leur budget, et c'est là où je différerai peut-être d'avis avec M. le docteur Tissié. Elles doivent apprendre à se gouverner pour connaître la responsabilité, et je laisserai au besoin la faute s'accomplir parce qu'elle permet de donner une leçon. Je n'aime pas les élèves impeccables, je préfère ceux qu'on peut corriger et instruire à l'occasion d'une faute, de même qu'on corrige le bon cheval à l'occasion d'un faux pas.

Il faut donc laisser à ces associations le soin de leur bourse pour leur apprendre à s'en servir, à bien choisir quand elles achètent, et à payer le moins cher possible les objets dont elles ont besoin. Elles doivent s'administrer librement, sans entrave de la part de l'autorité.

Il y a toujours, dans les établissements d'enseignement, des censeurs austères, sévères, qui rappellent que telle chose ne doit être faite qu'à 2 heures et demie. — Mais la bataille est à 2 heures! — La bataille, je ne connais pas cela. Je ne connais que l'heure fixée : 2 heures et demie. (*Rires.*)

Il faut faire disparaître ces entraves et dire aux jeunes gens : Allez au combat, battez bien l'adversaire et, quand vous reviendrez, ayant remporté la victoire, avec un rayon de gloire sur le front, vous travaillerez mieux. (*Applaudissements.*)

Voici donc comment je comprends le rôle, l'attitude des directeurs d'établissements vis-à-vis de ces associations sportives et athlétiques d'après la réserve que j'ai faite hier. Ce rôle se résume en un patronage bienveillant, encourageant, fortifiant, prévoyant. C'est tout ce qu'on peut se permettre vis-à-vis d'êtres libres. L'être libre, à moins d'un ordre qui lui est donné, est un être affranchi, à qui l'on doit laisser la liberté. On ne doit lui parler que comme à un être souverain, voilà la formule. (*Nouveaux applaudissements.*)

Je vais encore faire une réserve ; il faut que ces associations soient absolument respectueuses des heures d'études.

Il est évident que, si une association athlétique passe toute la journée à faire des sports, le latin, le grec, l'histoire, les mathématiques ne tomberont pas par une infusion supérieure dans ces jeunes têtes. Il faut donc faire une part équitable du travail et des jeux, et je serais bien de l'avis de M. Godart, dont l'expression nette et sage a été si bien résumée dans le *Vélo* par son envoyé spécial, M. Frantz Reichel, ici présent. C'est-à-dire je voudrais voir donner le temps qui lui est dû à l'activité physique et même l'augmenter, mais je n'irais pas jusqu'à la superstition des trois-huit. (*On rit.*) Il est certain que huit heures d'études intensives donneraient un meilleur résultat qu'un plus grand nombre d'heures d'étude consacrées à un travail relâché. Il est bien sûr, toutefois, qu'en développant les muscles, en les faisant solides, on obtiendrait une circulation cérébrale plus active. On arriverait, comme l'a si bien démontré M. Tissié, à des produits littéraires et scientifiques supérieurs. Et j'estime que les vainqueurs du football ont bien des chances d'être les lauréats de demain dans les concours intellectuels.

Et pour que les associations sportives produisent tous leurs effets, je voudrais qu'elles fussent absolument intransigeantes sur le point d'honneur et sur la dignité de l'athlète. Pas de compromis. — Monsieur, vous avez violé la loi, vous êtes disqualifié. — Monsieur, vous avez menti, vous êtes disqualifié. — Monsieur, vous avez maltraité votre adversaire, vous êtes disqualifié. Un point, c'est tout. Avec des mœurs pareilles, nous irons peut-être avec succès à l'encontre de ces consciences de caoutchouc que la politique a malheureusement tendu à développer, parce que la politique étant faite d'intérêts pousse au compromis, et que le compromis est toujours une entorse faite à la conscience. (*Vive approbation.*) Que les associations sportives arborent donc le drapeau de l'intransigeance sur les questions d'honneur et lorsqu'elles entreront sur un terrain où les compromis sont pratiqués, qu'on les voie gagner la bataille avec une conscience irréductible contre les consciences souples, car les premières gagnent aussi les batailles politiques beaucoup mieux que les consciences habiles. (*Vifs applaudissements.*)

Il est un point d'ordre civique sur lequel je dois m'expliquer. Quel que soit l'habit que je porte, l'habit n'est rien, et si l'habit ne fait pas le moine, il n'empêche pas de faire l'homme. (*Nouveaux applaudissements.*) Nous ne pouvons pas oublier que nous vivons dans une vaste démocratie, non pas seulement française, mais universelle. Qu'on vive sous un monarque ou un président de République, on n'en est pas moins un citoyen libre. Mais l'avantage d'une démocratie comme la nôtre, c'est que l'individu participe à la direction générale. Il faut donc, dans une démocratie, former des hommes éclairés et capables d'initiative. Si vous formez des êtres passifs, n'agissant que par la seule impulsion du pouvoir, comment constituerez-vous une démocratie sérieuse? Vous n'aurez que des gens en tutelle, qui seront battus à tous les coups, comme sera battu par l'athlète celui qui n'aura reçu aucune éducation athlétique. Dans une démocratie, les citoyens devraient donner à tous l'exemple du respect de l'autorité de celui qu'ils ont élu, de celui qu'ils ont consacré par leur vote.

Je n'ai jamais vu des sportifs battre en brèche l'autorité du président librement choisi par eux. Au contraire, ils font prévaloir cette autorité et ils savent la défendre quand on l'attaque. Ces mœurs, transportées dans une démocratie, en assureront la fortune et la prospérité. (*Vifs applaudissements.*)

Je le dis très haut, voilà les élèves que j'essaie de former. Monsieur le représentant du Ministre de l'Instruction publique, voulez-vous me permettre de dire que je ne comprends pas que, lorsque vous voyez un établissement qui travaille dans cet ordre d'idées, il ne soit pas considéré comme un établissement luttant pour le bien de la France et l'avenir de la démocratie. Nous pouvons être des concurrents, nous devons être des concurrents, parce qu'il est excellent que, dans un pays de liberté, la centralisation soit entamée par des hommes libres et chevaleresques. Mais c'est tout.

Nous livrons le combat comme nous croyons devoir le livrer, mais nous luttons pour la même cause. Nous présentons notre épée en signe d'amitié, comme le fait un chevalier. Jamais il ne faut attaquer un chevalier, un ami du droit et de l'indépendance : on entre en pourparlers avec lui, mais on ne s'expose pas à lui faire la guerre, car l'attaquer, c'est entrer en lutte contre la justice et la liberté. (*Très bien! très bien!*)

Je ne puis pas, Mesdames et Messieurs, méconnaître que l'œuvre des sports a des adversaires. M. de Coubertin traiterait cette question beaucoup mieux que moi, parce qu'il a été de toutes les batailles que les associations sportives ont soutenues, et il le ferait avec d'autant plus d'éloquence qu'ayant été de toutes les batailles, il les a toutes gagnées.

En ce qui me concerne, j'aime beaucoup la bataille, surtout si je la gagne. (*Rires et applaudissements.*) Mais je ne livre le combat que quand je crois être sûr du succès, sinon j'attends — mais je n'attends jamais longtemps. (*On rit.*) Dès que mes troupes sont bien prêtes, que les armes sont au complet, alors je donne le signal du combat. Je puis être battu, mais j'ai toujours assuré ma ligne de retraite.

Quels sont donc, Messieurs, les adversaires des sports?

Je les classe en trois catégories : les passifs, les affectifs et les intellectuels. J'emprunte ces termes au docteur Tissié et je suis heureux de me servir de cette jolie étiquette. Mais je les définirai autrement : les affectifs, c'est vous, Mesdames. Le plus grand ennemi des sports, c'est la mère. Combien ai-je entendu de mères me dire : « Et surtout que mon fils ne joue pas au football !

— Madame, votre fils vous appartient et il n'y jouera pas, si vous le défendez. Mais pourquoi le défendez-vous? Vous êtes calme en ce moment, causons. — Vous voulez donc que mon fils se casse une jambe, un bras, qu'il meure? — Non, Madame, je veux qu'il vive; et si on lui casse une jambe, nous la lui raccommoderons. (*On rit.*) — Ah! vous voilà bien! — Ne savez-vous pas qu'une jambe raccommodée est beaucoup plus solide qu'une neuve? » (*Hilarité. Vifs applaudissements.*)

Vous voyez quelle est la résistance du sentiment. Et, à ce propos, je me rappelle un mot de Claude Bernard, dont j'ai suivi les cours autrefois. Il s'agissait alors de la vivisection et les affectifs étaient en mouvement. Toujours les sentimentaux !

Les Anglaises avaient fondé une Ligue contre la vivisection, et Claude Bernard faisait remarquer qu'on ne pouvait pas discuter avec les sentimentaux, parce qu'une raison, même la meilleure, ne peut pas mordre sur un sentimental. Le sentiment ne se laisse jamais persuader. « Comment! vous allez disséquer vivants mon chat, mon chien, mon petit lapin », disaient les membres de la Ligue contre la vivisection !

Et Claude-Bernard faisait cette réflexion dans sa raison supérieure : J'admire comment ces êtres de sentiment, si pleins de compassion pour les bêtes, en ont si peu pour la pauvre humanité ! « Comment apprendre à la guérir, si ce n'est en taillant les bêtes, en les examinant à l'intérieur pour y chercher l'énigme de la maladie et surprendre le secret de la guérison. » (*Applaudissements répétés.*)

Malgré l'opposition tenace des sentimentaux, la vivisection a continué à être pratiquée et vous savez de quelles heureuses découvertes elle a été le point de départ.

Avec toute votre sentimentalité, Mères, vous n'empêcherez pas votre enfant de jouer. C'est l'enfant lui-même qui vous persuadera. Quand il voudra se donner du mouvement, l'attacherez-vous, le ligotterez-vous pour qu'il n'exerce pas sa force avec ses camarades? Il veut être plus fort qu'eux et vous ne l'en défendrez pas; si bien que, malgré l'objection des affectifs, les associations sportives continueront à se développer.

Une autre objection est celle des éternels réactionnaires : les passifs, les partisans de ce qui fut; les ennemis nés et acharnés de ce qui doit être. Une nouveauté! Pourquoi faire? Cela n'existait pas autrefois. Vous connaissez le thème. Le mouvement nouveau les effraye et, malgré tous nos efforts, vous voyez encore dans les établissements d'instruction s'entasser élèves sur élèves. Vous voyez des centaines d'enfants dans des dortoirs, dans des cours, où ils ne respirent pas, où ils peuvent à peine courir, à peine marcher. Et c'est cela qu'ils appellent, les passifs, conserver les belles et bonnes traditions. Non, non et non! Pour gagner des victoires dans la vie, il faut des forces vraies, des forces pratiques, et on ne les acquiert que par les exercices de plein air, les sports athlétiques qui trempent le corps, qui trempent l'âme. Nous voulons des hommes d'action; les associations sportives nous aideront à les créer parce qu'elles développent les qualités pratiques sans lesquelles on ne peut rien faire d'utile en ce monde.

Mais, mon fils ira au concours général, dit une mère. —

Il sera officier, il aura un plumet. — Est-ce le plumet qui fait gagner les batailles? Il est souvent gênant. Les hommes qui veulent remporter des victoires ont besoin de forces pratiques.

Ce que je préfère, c'est le jeune homme capable de conduire une de ces grandes affaires commerciales comme il y en a dans cette puissante ville du Havre. Je le préfère celui-là au Monsieur qui fera de la littérature, qui publiera des articles à 300, 400 ou 500 francs dans un journal en vogue, et qui, ayant le gousset bien garni, pourra mener une vie luxueuse.

Celui qui conduira une usine de 1.000 ouvriers gagnera des batailles, les batailles de l'industrie et du commerce, il fera vivre des familles et il enrichira son pays, la France. (*Nombreux applaudissements.*)

Il y a une troisième objection : celle des intellectuels. J'appelle intellectuel le Monsieur qui croit n'avoir plus d'estomac, qui ne peut pas souffrir un courant d'air. Il y a un courant d'air ici, fermez les fenêtres. (*On rit.*) Il est tellement affiné, qu'il n'appartient plus à la race humaine. Nous sommes profondément méprisés par lui, parce qu'il a fait des livres délicats, quintessenciés, ayant la dernière forme et dans lesquels on trouve des choses qu'on n'a vues nulle part. Eh bien! que m'apprenez-vous, vous, les intellectuels? Je le déclare, je suis peut-être un barbare, mais tous ces romans je ne les lis pas. Je me suis toujours demandé comment les femmes intelligentes pouvaient se nourrir ou plutôt s'intoxiquer de ces livres, car il faut bien le reconnaître, quand ils tirent à 100.000, il y en a 60.000 qui sont achetés par les femmes. (*Applaudissements répétés.*)

Que les intellectuels me pardonnent : au fond je suis un brave homme! (*Nouveaux applaudissements et rires.*)

En parlant comme je le fais, j'exprime des idées qui me

sont chères, en bon chevalier, mais je puis faire bon ménage avec un intellectuel et passer de bonnes heures avec lui ; je ne sais pas si elles sont, pour lui, aussi agréables !

L'intellectuel dit : Développez donc les cerveaux et non les muscles. Et moi je dis — et M. le docteur Tissié m'approuvera, je crois — : Pour développer le cerveau, il faut fortifier le muscle. Quand nous aurons battu les intellectuels — l'heure approche, car le muscle triomphe — nous verrons disparaître des boulevards ces romans dont on s'empoisonne. Quelle belle victoire ! (*Assentiment général.*)

Oui, ne serait-ce pas une grande victoire que de pouvoir réduire ainsi les intellectuels qui croient tenir le sommet de la pyramide humaine ! Nous y arriverons, je l'espère bien.

Je fais des vœux pour que ces idées pénètrent et soient appliquées dans les lycées, collèges, dans les établissements libres, dans les maisons de congréganistes, comme les appellent volontiers nos adversaires. Congréganistes, je n'aime pas ce mot-là, je préfère le mot libre. Je suis ce que je suis : j'ai mes idées, j'ai le courage de les dire et je cherche à les faire triompher. (*Vifs applaudissements.*)

Et pour terminer par un mot de concorde, je voudrais, Monsieur le Sous-Préfet, — et, pour ma part, mes efforts sont tournés vers ce but, — que les sports fussent un terrain où toute la jeunesse française pût se réunir, qu'on y travaillât à ruiner dans ce pays l'esprit qui nous divise, pour former une France comme nous la rêvons tous, nous les libéraux, non pas une France dans laquelle nous penserons tous de la même manière, c'est impossible, mais une France où tous nous aurons la pratique austère, loyale et chevaleresque du respect des autres et de la tolérance. (*Applaudissements frénétiques et prolongés.*)

Paris. — J. Mersch, imp., 4bis, Av. de Châtillon.

www.ingramcontent.com/pod-product-compliance
Ingram Content Group UK Ltd.
Pitfield, Milton Keynes, MK11 3LW, UK
UKHW012133240726
13965UKWH00005B/2161

9 782012 854871